People in 피플

글을 쓴 **장현** 님은
대학에서 신문방송학을 공부하였습니다. EBS 방송국에서 〈지식채널 e〉와 〈책과의 만남〉 등
다큐멘터리 작가로 활동하였으며 지금은 또 다른 글쓰기를 시작하고 있습니다.
지은 책으로는 《지식 e》(공저) 등이 있습니다.

그림을 그린 **김종민** 님은
대학에서 철학과 서양화를 전공하였습니다. 제1회 한국 안데르센 그림자상을 수상하였으며,
현재 프리랜서 작가로 어린이를 위한 좋은 그림을 그리기 위해 노력하고 있습니다.
그린 책으로는 《오봉산의 꽃》, 《구두장이와 악마》, 《사냥꾼 키쉬》, 《주목나무 공주》, 《조각 난 하얀 십자가》 등이 있습니다.

세상을 바꾸는 공부 · 정약용
글 장현 그림 김종민

펴낸이 김동휘 **펴낸곳** 여원미디어(주) **출판등록** 제406-2009-0000032호 **주소** 경기도 파주시 회동길 130(문발동) 탄탄스토리하우스
전화번호 080 523 4077 **홈페이지** www.tantani.com **제작책임** 정원성
기획·편집책임 이연수 **원고진행** 김미경 강성은 조정미 **사진진행** 김남석 **사진제공** 열린서당 **그림진행·디자인** 글그림
판매처 한국가드너(주) **교육 마케팅** 배선미 박관식

· 이 책에 사용한 사진은 해당 제공처의 허락을 받아 게재한 것입니다. 저작권자와 초상권자를 찾지 못한 일부 사진은 확인되는 대로 허락을 받겠습니다.
· 이 책에 실린 글과 그림의 무단 복제 및 전재를 금합니다.
ISBN 978-89-6168-552-8 ISBN 978-89-6168-572-6(세트)

정약용
세상을 바꾸는 공부

글 장현　그림 김종민

마른 목은 길쭉하여 따오기 같고
병든 살갗은 주름져 닭살 같구나.
팔다리는 아직도 움직일 때련만
혼자서 걸음을 옮기지 못하네.

관가의 돈 궤짝 남이 볼까 숨기기 바쁜데
우리들 굶주리게 한 것이 바로 그것 아닌가.
관가 마구간의 살찐 저 말은
다름 아닌 우리들의 피와 살이네.
— 정약용의 시, 〈굶주리는 백성들의 노래〉 중에서

서른세 살에 암행어사가 되어
백성들의 삶을 두루 살피게 된 정약용.
그의 눈에는
굶주리는 백성들의 비참한 삶이 보였고,
그의 귀에는
괴로운 백성들의 애달픈 울음소리가 들렸다.

네 살, 처음 천자문을 배웠다.
열 살, 일 년 동안 지은 글이 자기 키 높이가 되었다.
열세 살, 옛 시인의 시에 답하는 수백 수의 시를 지었고
스물여덟 살, 과거에 합격하여 벼슬길에 나아갔다.
임금의 믿음을 얻어 나랏일에 힘을 보탰지만,
마흔 살, 귀양을 떠나게 된다.

"나는 바닷가 강진 땅에 귀양을 왔다. 그래서 혼자 생각했다.
'어린 나이에 배움에 뜻을 두었지만 스무 해 동안 세상길에 잠겨 있었는데,
이제야 여가를 얻었구나.'
그러고는 마침내 스스로 기뻐하였다."

귀양살이 18년.
정약용은 500권이 넘는 책을 쓰고,
먼 곳까지 찾아온 제자들을 가르친다.

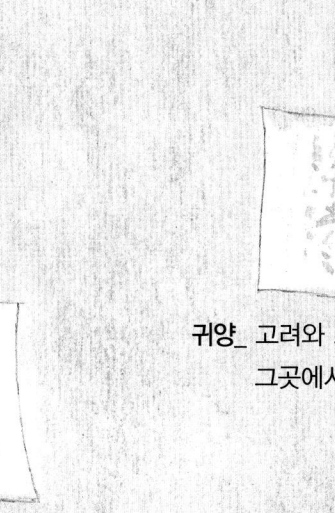

귀양_ 고려와 조선 시대에, 죄인을 먼 시골이나 섬으로 보내어
그곳에서만 살게 하던 형벌. '유배'라고도 해요.

정약용은 서양의 앞선 과학 기술을 받아들인 발명가였다.

작은 배를 한 줄로 이어 놓고 그 위에 널판을 깐 다리, 배다리.
엄청나게 무거운 물건을 들어 올릴 수 있는 기계, 거중기.
배 밑창에 페달을 달아 빨리 움직이게 만든 배, 윤선.
울퉁불퉁한 길에서도 무사히 짐을 운반할 수 있는 수레, 유형거.

정약용은 임금 정조의 명령에 따라 성을 설계하고
거중기, 유형거 등을 발명하여
10년 걸릴 공사를 2년 9개월 만에 끝낸다.
그 성이 바로 수원 화성이다.
정조는 크게 기뻐하며 정약용의 공을 칭찬하였다.

"다행히 거중기를 사용하여 4만 냥의 돈을 아낄 수 있었다."

정약용은 병든 백성들을 보살핀 의학자였다.

천연두의 예방법과 치료법을 엮은 책《마과회통》.
'천연두는 몹시 갑작스럽고 사나우므로
시간을 다툴 만큼 목숨이 왔다 갔다 한다.
하지만 지금의 의학책들은
내용이 뒤섞여 찾아보는 데 불편하다.
하여 이 책을 만들어, 병든 사람이 책만 펴면
쉽게 치료법을 얻을 수 있게 하였다.'

전라남도 장기에 귀양 가 있을 때였다.
정약용이 아픈 몸을 치료하려고 약을 지어 먹는 것을 보고
관아 벼슬아치의 아들이 간곡히 부탁했다.
"이곳 촌사람들은 병이 들면
무당을 불러다가 푸닥거리를 하거나
뱀을 잡아먹고, 그래도 낫지 않으면 죽고 맙니다.
나리께서 저희들을 위해 의학책을 써 주십시오."

그래서 쓴 책《촌병혹치》.
시골 사람들이 걸리기 쉬운 병에 대하여
간편한 처방들을 골라 기록한 의학책이다.

정약용은 2천5백여 수의 시를 남긴 시인이었다.

정약용은 시를 통해
백성들의 슬프고 고통스런 삶과
백성들을 괴롭혀 재물을 빼앗는 썩은 관리들을
세상에 널리 알렸다.

'굶주린 백성들은 이리저리 떠돌다가
시궁창 구렁텅이에 쓰러져 죽건만, 사또여!
고기 먹고 쌀밥 먹고 사랑방에 기생 두어
얼굴이 연꽃같이 곱구나!'

그리고 정약용이 생각했던 시, 시인이란…….
나라를 근심하지 않는 것은 시가 아니라 했다.
현실을 아파하거나 안타까워하지 않는 것은 시가 아니라 했다.
백성을 아끼고 사랑하지 않는 자는 시를 지을 수 없다고 했다.

정약용은 실제 생활에 쓸모 있는 학문,
실학을 연구한 실학자였다.

정약용이 살았던 조선 후기.
서양은 과학 기술이 놀라울 만큼 발전하고 있었고,
이웃 중국 청나라는 서양의 앞선 문물을 받아들여
나라의 힘이 더욱 강해지고 있었다.

하지만 조선은 여전히 제자리걸음이었다.
힘 있는 자리를 차지하려고 다툼을 일삼는 관리들.
옛글만을 공부하는 학자들.
못된 관리들의 횡포로 가난에 시달리는 백성들.

정약용은 묵은 나라를 새롭게 바꾸어
백성들이 잘사는 나라를 만들고 싶었다.
하여 정치, 경제, 문화 등 거의 모든 분야에 걸쳐
나라와 백성에게 보탬이 되는 500여 권의 책을 남겼다.

실학_ 조선 후기, 뜻있는 학자들 사이에서는 잘못된 제도를 고치고, 서양의 과학 기술을 받아들이는 등 백성을 잘살게 하는 방법을 연구하기 시작해요. 이렇게 실제 생활에 쓸모 있는 학문이 바로 '실학'입니다.

발명가이며,
의학자이며,
다양한 분야에서 책을 남긴 저술가이며,
시인이 되어 세상을 근심했던
조선 후기의 대학자 정약용은……,

어릴 적에도, 벼슬길에 오른 뒤에도
오랜 귀양살이 중에도
평생 그 어느 한순간도
책을 손에서 놓은 적이 없었다.

'선생님께서는 귀양살이 18년 동안,
날마다 글만 써서 복사뼈가 세 번이나 구멍이 났습니다.
제게 가르침을 주시면서 늘 이렇게 말씀하셨지요.
나도 부지런히 노력해서 이것들을 얻었노라고.
손수 몸으로 가르쳐 주시고, 말씀을 내려 주신 것이
마치 어제 일처럼 귓가에 쟁쟁합니다.'
– 정약용 제자의 편지글 중에서

정약용이 처음부터
기계와 건축에 관한 지식이 많아서
기계를 발명하고, 성을 설계하기로 한 것은 아니었다.
의학에 관한 지식이 깊어서
의학책을 쓰기로 한 것도 아니었다.

그런데 어떻게,
그런 훌륭한 결과를 얻을 수 있었을까?

정약용이 어떤 일을 시작할 때
가장 먼저 한 일은
도움이 될 만한 자료들을 모두 모으는 것이었다.

화성을 설계하고, 기계를 발명하기 위해 공부한
서양과 중국의 과학책들.
천연두의 예방법과 치료법을 밝힌 《마과회통》을 쓰기 위해
빠짐없이 살펴본 63종의 의학책들.
지방 관리들의 올바른 길을 밝힌 《목민심서》를 쓰기 위해
중국과 조선의 역사책에서 찾아낸
관리들의 횡포와 백성들의 고통에 관한 이야기들.

결국 정약용이 남긴 발명품들과 500여 권의 책은
그보다 먼저 살았던 사람들이 남겨 준 지혜,
그보다 먼저 연구한 사람들이 남겨 준 지식,
그보다 먼저 새로운 것을 발명한 사람들의 노력이 있었기에 가능한 것이었다.

그러나 원래 있던 자료를 모으는 작업은 그저 시작일 뿐이다.

정약용은 옛것을 존중했지만 무조건 따르지는 않았다.
언제나 엄격하게 자료의 옳고 그름을 판단했다.
또한 자료에 대해 엄격했던 만큼 자신에게도 엄격하여
이해가 되지 않는 내용이 있을 땐
그냥 지나치는 법이 없었다.

"그저 책을 읽기만 하면
천 번, 백 번을 읽는다고 해도 안 읽은 것과 같다.
좋은 책 읽기란 한 글자라도 뜻이 분명하지 않으면
자세히 살펴 그 깊은 뜻을 알아내는 것이다.
이렇게 하면 한 권의 책을 읽어도
백 권의 책을 함께 읽는 것과 같으며
본래 읽던 책의 뜻도 분명하게 꿰뚫어 알 수가 있다."

정약용에게 공부란
'원래 있었던 것들'을 그대로 따르는 것이 아니었다.
'원래 있었던 것들'을 낡았다고 무조건 버리는 것도 아니었다.
'원래 있었던 것들'을 발전시키고,
지금에 알맞도록 새롭게 변화시키는 것이었다.

정약용이 설계한 수원 화성과 발명한 기계와 도구들은
참고한 자료에서 한 발짝 더 나아가
그 당시 조선의 상황에 가장 적합한 모습이었다.

정약용이 남긴 책들은 참고한 자료들을 새롭게 변화시킨 것이었다.
《마과회통》은 천연두에 대한 치료를 크게 발전시킨 의학책으로
높이 평가받고 있다.
《목민심서》는 200여 년이 훨씬 지난 지금까지도
나라를 돌보는 관리라면 한 번쯤 읽어야 하는 책으로 손꼽힌다.

언제나 공부했고, 또 제대로 공부하기를
게을리하지 않았던 정약용.
정약용이 공부를 함에 있어서
가장 걱정했던 것 한 가지.

"크게 걱정하는 것은,
우리가 모두 글이나 짓고
외우는 것을 업으로 삼는 일이다."

조선 시대에 가장 높은 신분은 양반.
앞장서서 나라를 이끌어 가야 할 양반들의 목표는
과거 시험에 합격하여 높은 벼슬을 얻는 것.
그러다 보니 과거 시험에 대비한 옛글만을 공부할 뿐.
어떻게 하면 장사를 잘하여 서로에게 이익을 줄 수 있을까?
어떻게 하면 기계와 도구를 만들어 일손을 줄일 수 있을까?
이러한 백성들의 삶을 풍요롭게 해 주는
쓸모 있는 공부는 업신여기고 하찮은 일로 생각했다.

정약용은 한탄한다.
"이런 사람들을 천하에 어디다가 쓴단 말인가?"

가족과 멀리 떨어져 무려 18년 동안 계속된 귀양살이.
정약용은 귀양살이 8년 만에 왼팔이 마비되고,
11년 만에 중풍으로 입가엔 항상 침이 흐르고,
왼쪽 다리마저 제대로 움직일 수 없게 된다.
하지만 건강을 잃어 가면서도 공부를 멈추지 않았다.
정약용이 그토록 공부에 힘썼던 이유. 그것은 '진정 쓸모 있는 공부' 때문이었다.

"책 읽기에는 각각의 방법이 있다.
세상에 보탬이 안 되는 책을 읽을 때에는 구름 가고 물 흐르듯 읽어도 괜찮다.
하지만 백성과 나라에 보탬이 되는 책을 읽을 때에는,
단락마다 이해하고 구절마다 깊이 따져야 한다."

정약용이 생각했던 진정 쓸모 있는 공부,
그리고 공부하는 유일한 목적.
그것은 지위를 높이거나 아는 체하기 위한 것도 아니고,
배우면서 즐겁고자 하는 것도 아니었다.

"군자가 학문을 하는 목적은
자신의 몸과 마음을 바르게 다스리기 위함이 반이고,
백성을 다스리는 일을 배우는 것이 또한 반이다."

백성을 사랑하고 나라를 위하는 마음이
공부의 시작이라 믿었던 정약용.

그가 몰두했던 수많은 학문과
그가 남긴 수많은 책은 바로 그 마음에서 출발한 것이었다.

그는 한 번도 책에서 눈을 뗀 적이 없었다.
그리고 동시에 백성들의 삶에서도 눈을 뗀 적이 없었다.

정약용 (1762-1836)

1762년 6월 16일, 경기도 광주(지금의 남양주)에서 태어남.
1771년 시집 《삼미자집》 펴냄.
1777년 실학자 이익이 지은 《성호사설》을 보고 실학을 공부하기 시작함.
1783년 과거 시험의 두 번째 단계인 소과 진사시에 합격하여 성균관에 들어감.
임금 앞에서 《중용》을 강의.
1789년 과거 시험의 마지막 단계인 대과에 급제하여 벼슬길에 나감.
천주교도라는 억울한 죄를 뒤집어쓰고 충청남도 해미로 귀양을 감.
10일 만에 풀려남.
1793년 수원 화성을 설계함.
1794년 수원 화성의 공사가 시작됨. 경기도 지역의 암행어사로 나가 크게 활약함.
1796년 수원 화성 완성.

1797년 곡산 부사가 됨. 천연두의 예방법과 치료법을 엮은 책 《마과회통》을 씀.
1799년 병조참의가 되었으나 다시 모함을 받아 스스로 물러남.
1801년 다시 전라남도 강진으로 귀양을 감.

1817년 《경세유표》를 씀.
1818년 《목민심서》 48권 완성. 18년간의 귀양살이에서 풀려남.
1819년 《흠흠신서》 30권 완성.
1836년 2월 22일, 세상을 떠남.

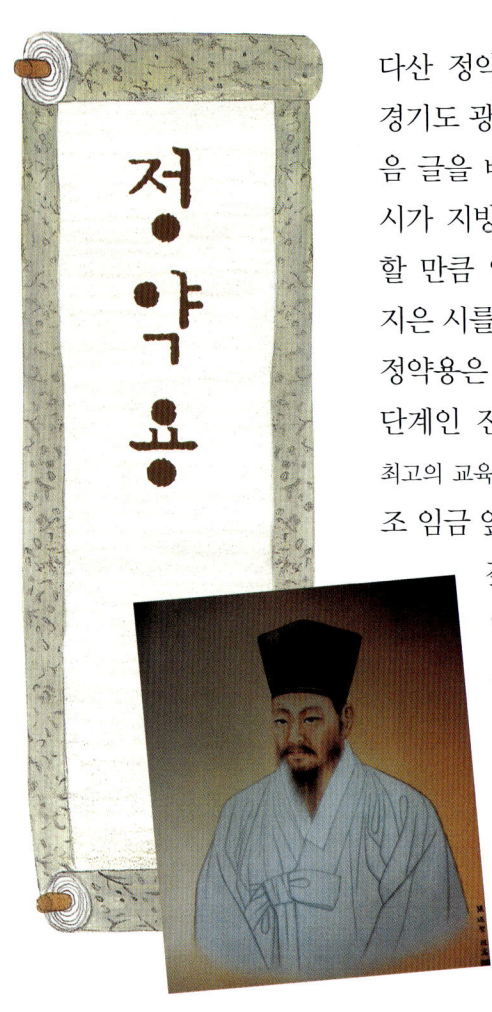

다산 정약용은 조선 시대 후기인 1762년, 경기도 광주에서 태어났습니다. 네 살 때 처음 글을 배우기 시작했으며, 일곱 살 때 쓴 시가 지방 관리였던 아버지를 깜짝 놀라게 할 만큼 영특했어요. 열 살 때에는 그동안 지은 시를 모아 시집을 낼 정도였답니다.

정약용은 스물두 살 때 과거 시험의 두 번째 단계인 진사시에 합격하여 성균관(조선 시대 최고의 교육 기관)에 들어갔어요. 그때 이미 정조 임금 앞에서 옛 책을 강의할 만큼 학문의 깊이가 대단했지요. 젊고 새로운 인재를 뽑아 새로운 나라를 만들고자 했던 정조 임금은 정약용의 학문과 재능을 한눈에 알아보았어요. 그 뒤로 나라의 중요한 일을 맡기곤 했지요. 건축을 배운 일이 없는 정약용에게 수원 화성의 설계를 맡기면서도 '이 일은 정약용만이 할 수 있는 일이다.'라고 말했다고 하니, 정약용에 대한 믿음이 얼마나 대단했는지 엿볼 수 있습니다. 정약용은 일찍이 실학을 공부하고, 서양의 새로운 학문에도 관심이 많았어요. 서양의 건축법과 자신의 생각을 잘 버무려 새로운 형태의 성을 설계했어요. 그러고는 거중기 등을 발명하여 1796년, 2년여 만에 수원 화성을 완성시켰지요.

벼슬길에 오른 지 10여 년 동안 정약용은 중요한 벼슬을 두루 거쳤어요. 그 사이 정조의 반대 세력들은 끊임없이 정약용을 모함했어요. 정약용이 서양에서 들어온 천주교를 믿어 나라를 어지럽힌다는 것이었어요. 정약용은 잠시 귀양을 가거나 스스로 벼슬에서 물러나기도 했지만, 정조는 곧 그를 다시 불러들였지요. 1800년, 정조가 이른 나이에 갑자기 세상을 떠났습니다. 기다렸다는 듯 정조의 반대 세력들은 나라를 뒤엎으려 한다며 천주교도들을 잡아들였어요. 사실 정조가 아끼던 인재들 중에는 서양 문물을 받아들이면서 천주교를 믿게 된 사람이 많았어요. 결국 그들을 잡아들이려는 속셈이었지요. 정약용의 셋째 형 정약종과 매형 이승훈은 처형을 당했고, 정약용과 둘째 형 정약전은 귀양을 가게 되었습니다. 그때 정약용의 나이 마흔 살. 그렇게 떠난 귀양살이는 무려 18

흠흠신서

년이나 이어졌습니다.

머나먼 땅, 전라남도 강진에서 억울함과 고문으로 성치 않은 몸을 추스르며 오랜 세월을 보내게 되지요. 하지만 정약용에게는, 그리고 그의 책들을 만날 수 있는 200년 뒤의 우리들에게는, 참으로 귀한 시간이라 할 수 있답니다. 정약용이 쓴 500여 권이 넘는 책 중에 대부분이 바로 강진 땅에서 태어났기 때문입니다. 정약용은 귀양살이를 하는 동안, 실학에 대해 깊이 연구하게 되었어요. 그리고 자신의 책에서 노비 제도를 없애고, 농민들에게도 땅을 고루 나누어 주고, 잘못된 제도를 완전히 바꾸고, 서양의 앞선 기술을 적극적으로 받아들이자는 등의 주장을 하였어요. 이러한 연구 결과는 당시 실학자들의 생각을 한데 모아서 발전시킨 것입니다.

유배지에서 쓴 대표적인 책 가운데 하나인 《경세유표》는 잘못된 것을 고쳐 나라를 새롭게 바꾸는 방법을 적은 것입니다. 《경세유표》의 '유표'는 신하가 죽을 즈음에 임금에게 올리는 글이라는 뜻이에요. 비록 죄인의 몸이 되어 나라와 백성을 위해 일할 수 있는 처지는 아니지만, 학문 활동을 통해서라도 백성이 잘사는 나라를 만드는 데 도움이 되기를 바랐던 것입니다. 바로 그런 의지 속에서 수사와 재판을 맡은 벼슬아치들이 조심해야 할 점을 적은 《흠흠신서》, 옛 벼슬아치들의 잘못을 예로 들어 벼슬아치들이 백성을 바르게 다스리는 법을 밝힌 《목민심서》와 같은 책들이 탄생했습니다. 특히 《목민심서》는 관리뿐만이 아니라 사람의 올바른 도리를 다루고 있기 때문에 오늘날에도 많이 읽히고 있답니다.

정약용은 필요한 공부가 있으면 어떤 분야라도 거침없이 뛰어들었고, 한없이 지식을 넓혀 갔으며, 탐구 결과를 모두 책으로 남겼습니다. 이 모든 것은 '백성을 위한 공부'라는 원칙을 가지고 두려움 없이 새로운 것에 도전했기에 가능한 일이었지요. 유배 생활을 끝내고 고향에 돌아온 정약용은 백발노인이 다 되어 있었어요. 하지만 그 뒤로도 자신이 쓴 책들을 정리하고, 학문 연구에 몰두하다가 일흔다섯 살의 나이로 세상을 떠났습니다.

거중기 모형

목민심서

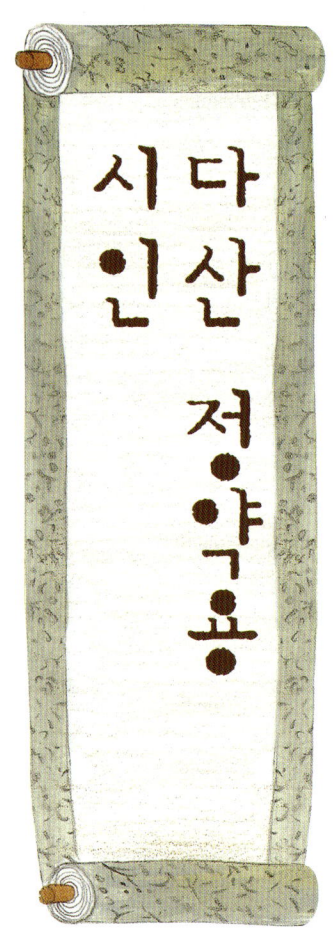

시인 다산 정약용

'작은 산이 큰 산을 가렸네. 멀고 가까움의 거리가 다른 탓이지.' 이 짧은 시는 정약용이 일곱 살 때 지은 것으로, 기록에 나오는 첫 번째 시예요. 정약용은 수백 권의 책을 남긴 학자로 유명하지만, 동시에 수많은 시를 남긴 시인이기도 하답니다. 조선 시대를 대표하는 대학자, 거의 모든 영역의 학문에 도전했던 정약용은 과연 어떤 시를 지었을까요?

몽둥이로 때리고, 욕하며 꾸짖는 것보다 아프고 쓰라리다

장독엔 소금 한 톨 남지 않고, 뒤주엔 쌀 한 톨 없노라.
무쇠솥, 가마솥 이미 빼앗아 갔고, 숟가락, 젓가락마저 빼앗아 갔노라.
도적도 아니고 원수도 아닌데 어찌하여 이렇게 못살게 구느냐.

우리들의 논밭을 보아라. 얼마나 참담한 모습인가?
굶주린 백성들은 이리저리 떠돌다가 시궁창 구렁텅이에 쓰러져 죽건만,
사또여!
고기 먹고 쌀밥 먹고 사랑방에 기생 두어 얼굴이 연꽃같이 곱구나!

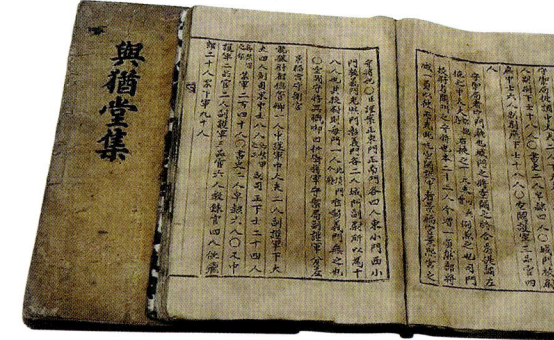

여유당집

정약용의 시를 읽은 한 벼슬아치는 '몽둥이로 때리고, 욕하며 꾸짖는 것보다 아프고 쓰라리다.' 라고 말했다고 합니다. 정약용은 경기도 암행어사가 되어 백성들을 살펴본 뒤, 관리들의 횡포와 가난한 백성들의 고통을 시에 담기 시작했어요. 시를 통해서라도 가엾은 백성들의 모습을 나라에 알려, 문제를 해결해야겠다고 생각했기 때문입니다.

열일곱, 시를 지으며 마음을 다잡다

젊은 시절 재주만 믿고 있다간 나이 들면 대부분 바보스럽지.
이를 경계해 느리거나 소홀히 말자꾸나. 가는 세월 참으로 허무하거니.

정약용이 열일곱 살 때, 산 속의 절에 들어가서 글공부를 하던 시절에 쓴 시입니다. 놀고 싶고 게을러지고 싶은 마음을 떨쳐내고, 다시 공부에 집중하고자 쓴 시처럼 보이죠?

딸을 시집보내며

사뿐사뿐 새가 날아와 우리 뜨락 매화나무 가지에 앉아 쉬네.
매화꽃 향내 짙게 풍기자 꽃향기 그리워 날아왔네.
이제부터 여기에 머물러 지내며 가정 이루고 즐겁게 살자꾸나.

귀양살이 16년째가 되던 해에 하나뿐인 딸을 시집보내며 쓴 시입니다. 오랜 세월 얼굴 한 번 못 봤던 딸이 잘 자라서 시집을 간다니, 정약용의 마음은 어땠을까요? 정약용은 꽃과 새 그림을 직접 그리고 시를 적어서 딸에게 보냈답니다. 종이가 아니라 빛바랜 아내의 다홍치마 조각에 정성들여 그려 보냈다고 해요.

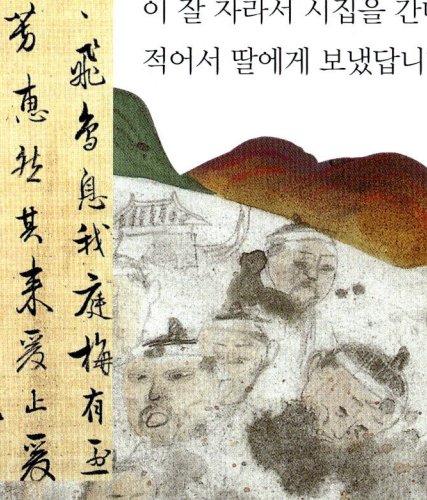

정약용을 만날 수 있는 곳

평생 500여 권의 책을 펴낸 정약용. 그는 어진 관리였으며, 대학자이자 시인이자 발명가였어요. 하지만 정약용의 삶은 그리 평탄하지만은 않았어요. 형제가 죄인이 되어 목숨을 잃고, 자신 또한 18년이라는 긴 세월을 가족과 떨어져 귀양살이를 했으니까요. 기쁨과 슬픔이 함께했던 정약용의 발자취를 따라가 볼까요?

수원 화성

경기도 수원에서 가장 유명한 화성. 수원 화성은 정조 임금의 명에 따라, 정약용이 만든 설계도를 바탕으로 세워진 성입니다. 1794년 1월에 공사가 시작되어, 1796년 9월에 완성되었지요. 정약용은 동양과 서양의 기술 책을 공부하며 새로운 형태의 성곽 설계도를 만들었고, 자신이 발명한 거중기와 녹로(도르래) 등을 이용하여 공사 기간을 엄청나게 줄였답니다. 따라서 돈과 백성들의 고생을 덜어 주었지요. 200여 년 전에 세워진 짧은 역사의 유산이지만, 근대적인 성곽 구조와 거중기 같은 기계를 이용하는 등 우리나라 성곽 건축 기술사에 중요한 자리를 차지하고 있어요. 1997년, 유네스코 세계 문화유산으로 지정되었어요.

화성성역의궤